¿TIENEN PUNTAS LAS ESTRELLAS?

Preguntas y respuestas sobre las estrellas y los planetas

POR MELVIN Y GILDA BERGER
ILUSTRADO POR VINCENT DI FATE

Contenido

CLAVE DE ABREVIATURAS

g = gramo
kg = kilogramo
km = kilómetro
m = metro
t = tonelada
°C = grados Celsius o centígrados
F = Fahrenheit

Originally published in English as *Do Starts Have Points?*
Translated by Susana Pasternac.

Text copyright © 1998 by Melvin and Gilda Berger
Illustrations copyright © 1998 by Vincent Di Fate
Translation copyright © 2005 by Scholastic Inc.
All rights reserved. Published by Scholastic Inc.
SCHOLASTIC and associated logos are trademarks and/or registered trademarks of
Scholastic Inc.

Library of Congress Cataloging-in-Publication Data
Berger, Melvin
    Do stars have points? / Melvin and Gilda Berger.
          p.   cm.
    Summary: Questions and answers explore various aspects of stars
      and our solar system, including the sun, planets, moons, comets, and
      asteroids.
    1. Astronomy—Miscellanea—Juvenile literature. 2. Stars—Miscellanea—Juvenile litera-
ture. 3. Solar system—Miscellanea—Juvenile literature. [1. Solar system—Miscellanea.
2. Astronomy—Miscellanea. 3. Questions and answers.] I. Berger, Gilda. II. Title.
QB46.B463   1998   523—DC21   97-36005   CIP   AC

ISBN 0-439-76540-4

Book design by David Saylor and Nancy Sabato

12 11 10 9 8 7 6 5 4 3 2 1   5 6 7 8 9 0/0

Printed in the U.S.A.   08
First Spanish printing, September 2005
Expert reader: Dr. Thomas Lesser, formerly Senior Lecturer, The American Museum-Hayden Planetarium

A Benny, una estrella luminosa de nuestra constelación
—M. y G. BERGER

A Ro, Chris y Vic y, por supuesto, a Chesley Bonestall,
que encendió la chispa, y a mis queridos amigos Wayne
Borlowe, Jeff Rovin, Bob Stephens y Murray Tinkelman,
que la mantuvieron viva
—V. DI FATE

Nota del editor:
En México y en EE.UU., se suelen poner comas para dividir las cifras de
mil, pero ya que tanto en España como en la mayoría de los países lati-
noamericanos se usa el punto para este objeto, se ha optado por complacer
a la mayoría.

Introducción

¿Por qué debo leer un libro de preguntas y respuestas?

Porque eres un niño y los niños son curiosos. Es natural y es importante hacer preguntas y buscar respuestas. Este libro contesta muchas de las preguntas que se te podrían ocurrir:

- ¿De dónde provienen las estrellas?
- ¿En qué se diferencian los planetas de las estrellas?
- ¿Por qué no sentimos que la Tierra se mueve?
- ¿Hay vida en otras partes del universo?

Muchas de las respuestas te sorprenderán. Esperamos que ellas estimulen tu imaginación. Quizás conduzcan a otras preguntas que requieran otras respuestas. En eso consiste ser curioso.

Melvin Berger   Gilda Berger

LAS ESTRELLAS

¿Tienen puntas las estrellas?

No. Las estrellas son enormes bolas de gas incandescente y brillante. Parecen tener puntas porque las vemos a través de las capas de polvo y de aire en movimiento que rodean la Tierra. Las capas en movimiento doblan y quiebran la luz de las estrellas y por eso parece que tienen puntas.

La próxima vez que te bañes o vayas a nadar, observa tus pies. Notarás que el movimiento del agua quiebra la luz y cambia la forma de tus dedos. De la misma manera, las capas de aire en movimiento dispersan la luz de las estrellas.

¿Cuántas estrellas se pueden ver en una noche oscura y despejada?

A simple vista puedes ver unas 3.000 estrellas, pero recuerda que estás viendo sólo una parte del cielo. Si todo el cielo fuera visible, podrías contar unas 5.000 estrellas.

Si miras con un telescopio pequeño, podrías ver unas 600.000 estrellas. Con telescopios más potentes, los astrónomos llegan a ver millones de estrellas.

Nadie sabe con exactitud cuántas estrellas hay en total, pero los astrónomos creen que en el espacio hay por lo menos ¡200.000 millones de estrellas!

¿Cuál es la estrella más brillante del cielo nocturno?

Sirio, también llamada Can Mayor, es la estrella más brillante que podemos ver. Aunque es casi del tamaño del Sol, Sirio es 30 veces más luminosa. Los astrónomos la consideran una estrella de primera magnitud. La magnitud es la medida de la luminosidad de las estrellas.

Sirio es una estrella binaria porque tiene una estrella más pequeña que gira a su alrededor. Esa estrella pequeña tarda unos 50 años en dar una vuelta completa en torno a Sirio.

¿De qué están hechas las estrellas?

La mayoría de las estrellas se componen de gases. El gas más importante es el hidrógeno.

El gas de hidrógeno está compuesto de pequeñas partículas llamadas átomos. El calor interior de las estrellas provoca el choque constante de los átomos. Algunas veces dos átomos de hidrógeno chocan con tanta fuerza que terminan uniéndose. Este proceso se llama fusión nuclear. Esa fusión produce un pequeño destello de luz y una pequeña explosión de calor.

Todas esas colisiones se suman. Cientos de millones de toneladas de átomos de hidrógeno se unen cada segundo dentro de cada estrella. Las colisiones continúan sin interrupción y envían al espacio miles de millones de destellos de luz y explosiones de calor.

¿De dónde provienen las estrellas?

Los astrónomos creen saberlo. Hace mucho, mucho tiempo, todo en el universo estaba comprimido en una pequeña bola hasta que, hace unos 13.000 millones de años, se produjo una gran explosión. Los científicos la llamaron Big Bang (Gran Explosión) y piensan que en ese momento nació nuestro universo.

El Big Bang esparció polvo y gases por el espacio. El gas y el polvo estaban formados de pequeñísimas partículas compuestas de diversos elementos químicos que se unieron lentamente hasta formar nubes gigantes. La fuerza de gravedad las fue empujando unas contra otras, apretándolas más y más. Con el tiempo, la fuerza de gravedad convirtió a las nubes en esferas inmensas.

Al principio, cada esfera cubría unos 10 billones de millas (16 billones de km). Con el transcurso de millones de años, las esferas se hicieron cada vez más pequeñas hasta llegar a cubrir un millón de millas (1,6 millones de km). Y así nacieron las primeras estrellas.

¿Cómo se formó el sistema solar?

La mayoría de los científicos piensa que el Sol y los planetas se formaron hace unos 5.000 millones de años, a partir de una gigantesca nube de gas y polvo. La fuerza de gravedad empujó la mayor parte del gas y el polvo hacia el centro. Esta inmensa masa se convirtió en el Sol, pero un residuo de nubes de gas y polvo siguió girando alrededor. Con el tiempo, esas nubes se juntaron y formaron bolas más pequeñas que se convirtieron en planetas.

¿Pueden formarse aún estrellas nuevas?

Sí. Todavía queda mucho gas y polvo flotando en el espacio. Una parte proviene de los residuos del Big Bang. Otra parte proviene de viejas estrellas que explotaron y lanzaron enormes cantidades de gas y polvo al espacio.

Una estrella nueva se forma cuando se juntan nubes de gas y polvo. Cuando esas nubes se reducen suficientemente, el gas se calienta más y más. Los átomos chocan entre ellos y se unen, despidiendo enormes cantidades de luz y calor. Así se forman las estrellas nuevas, exactamente como se formaron las estrellas después del Big Bang.

¿Mueren las estrellas viejas?

Por supuesto. Después de miles de millones de años, las estrellas consumen todo su hidrógeno y se vuelven cada vez más pequeñas. Algunas estrellas se encogen y se vuelven tan minúsculas que se las llama estrellas enanas. Las estrellas enanas blancas son muy pesadas. Una cucharadita de estrella enana pesa unas ¡1.000 toneladas!

Algunas veces, una estrella enana blanca se vuelve de pronto mucho más brillante y se transforma en una nova. Otras veces, la estrella explota y se destruye completamente. Entonces se la llama supernova. La luz de una supernova es un millón de veces más luminosa que la luz de una nova.

En algunos casos, las estrellas se encogen hasta tener sólo unas millas (kilómetros) de ancho y, a veces, se transforman en agujeros negros. La fuerza de gravedad es superpotente en un agujero negro, tanto, que ni siquiera deja escapar la luz. Sin luz, la estrella queda a oscuras en el firmamento.

¿Cuál es la estrella más cercana a la Tierra?

El Sol. Está a unos 93 millones de millas (149 millones de km) de distancia. Lo suficientemente cerca como para que nos parezca una pelota redonda, y no una mancha de luz como una estrella, y para que sintamos su intenso calor y su poderosa luz.

Pero no vayas a creer que el viaje al Sol sería corto. Un auto que va a 60 millas (96 km) por hora llegaría al Sol en 177 años. A 25.000 millas (40.000 km) por hora, un cohete tardaría más de 5 meses en cubrir esa distancia, pero la luz del sol, que viaja a la increíble velocidad de 186.000 millas (297.600 km) por segundo, ¡llega a la Tierra en unos 8 minutos!

¿Cuán caliente es el Sol?

¡Más caliente que cualquier cosa en la Tierra! La temperatura de la superficie del Sol es de unos 10.000 °F (5.532 °C). Su interior es aun más caliente. Llega a unos 27 millones °F (13 millones °C). Compara esa temperatura con la del horno de tu cocina, que apenas sube a 1.000 °F (537 °C).

Sólo una pequeña parte del calor y la energía solar llega a la Tierra, pero la vida en la Tierra depende de esa energía. Las plantas la necesitan para crecer. Algunos animales comen plantas. Otros se alimentan de animales que comen plantas. La vida en la Tierra sería imposible sin energía solar.

¿Cómo toman los astrónomos la temperatura de una estrella?

Observando su color. Como sabes, las cosas cambian de color con el calor. Un pedazo de metal puede ser negro, pero cuando lo calientas, se pone rojo. Si lo calientas más, se vuelve blanco incandescente.

El color de cada estrella indica la temperatura de su superficie. Las estrellas rojas son las más frías, con una temperatura de unos 5.000 °F (2.757 °C). Las estrellas blanco azuladas son las más calientes. Pueden llegar a 50.000 °F (27.700 °C). El Sol es una estrella amarilla que está entre los dos extremos con unos 10.000 °F (5.532 °C).

Los astrónomos también calculan la temperatura de la superficie de una estrella pasando su luz por un vidrio especial llamado prisma. El prisma quiebra la luz en una serie de líneas de color. A partir de esas líneas, los científicos pueden determinar la temperatura exacta de una estrella.

¿Dejará de brillar el Sol alguna vez?

A la larga, sí. La gente solía pensar antes que el Sol se quemaba como un leño en el fuego. Esperaban que continuara quemándose por un tiempo y que luego se apagara.

Hoy los científicos saben más sobre el Sol. Saben que la fusión nuclear del Sol lo ha mantenido brillando durante unos 5.000 millones de años y piensan que pasarán otros 5.000 millones de años antes de que el Sol consuma todo su hidrógeno y deje de brillar.

¿Cuál es más grande, el Sol o la Tierra?

El Sol es muchísimo más grande. Tiene unas 865.000 millas (1.384.000 km) de ancho. Es decir, tiene un diámetro de 865.000 millas (1.384.000 km). En realidad, el diámetro del Sol es 100 veces más grande que el de la Tierra. El Sol es tan grande que en él podrían caber más de un millón de Tierras.

Supongamos que tienes que dibujar el Sol del tamaño de una moneda de 25 centavos. En ese caso, tendrías que dibujar la Tierra del tamaño de un punto.

No obstante, el Sol no es la estrella más grande. Es sólo una estrella de tamaño mediano. Las más grandes son 1.000 veces más grandes que el Sol. Las estrellas más chicas son más pequeñas que la Tierra.

¿Por qué las demás estrellas parecen más pequeñas que el Sol?

Porque están muy lejos. Próxima del Centauro, la estrella más cercana al Sol, está a 25 billones de millas (40 billones de km).

La luz de Próxima del Centauro tarda 4 años en llegar a la Tierra. Si observaras a Próxima del Centauro esta noche, verías una luz que salió de la estrella hace más de cuatro años.

Imagina que tienes unas botas mágicas y que con esas botas puedes llegar al Sol de una zancada. Para llegar a Próxima del Centauro necesitarías ¡300.000 zancadas! Y otras estrellas están a miles y miles de zancadas adicionales de distancia.

¿Son las estrellas más brillantes siempre las más grandes?

De ningún modo. El brillo que vemos depende de la cantidad de energía luminosa que irradia la estrella. Una estrella caliente pequeña irradia más luz que una estrella fría grande. Tomemos, por ejemplo, las estrellas Rigel y Betelgeuse. Rigel es más pequeña que Betelgeuse, pero irradia más luz porque es una estrella caliente.

Además, el brillo de una estrella depende de su distancia de la Tierra. Imagina dos estrellas de igual brillo. Una está cerca de la Tierra y la otra mucho más lejos. La estrella más cercana parece más brillante que la más lejana.

¿Dónde están las estrellas durante el día?

En el mismo lugar que durante la noche, sólo que no puedes verlas. La luz del Sol es tan brillante que eclipsa la débil luz de las estrellas distantes.

Algo similar ocurre cuando miras una película en la oscuridad de un cine. Si alguien abre la puerta, la luz brillante ilumina la pantalla y dispersa la luz del proyector de la película. De la misma manera, el Sol ilumina tanto el cielo que no deja ver de día la luz de las estrellas.

¿Por qué sale y se pone el Sol?

En realidad no lo hace. El Sol siempre brilla. Sólo nos parece que sale y se pone todos los días.

   La Tierra da vueltas, es decir, rota todo el tiempo. Cuando tu parte de la Tierra se acerca al Sol, te parece que este sale. Cuando tu parte de la Tierra se aleja del Sol, te parece que se pone. El Sol no sale, ni se pone. Sólo nos parece que lo hace porque lo vemos desde una Tierra que da vueltas.

¿Está cada estrella sola en el espacio?

No. Cada estrella pertenece a un grupo más grande de estrellas llamado galaxia. Cada galaxia tiene entre 1.000 millones y un billón de estrellas. En el universo hay alrededor de 50.000 millones de galaxias. Nuestro Sol forma parte de la galaxia llamada Vía Láctea. Los astrónomos dicen que la galaxia de la Vía Láctea contiene 100.000 millones de estrellas.

Cuando se mira hacia arriba en una noche oscura y despejada, se ve parte de la Vía Láctea. Es una franja borrosa de luces blancas que atraviesa el cielo. A los antiguos les parecía una salpicadura de leche y por eso la llamaron "Vía Láctea".

¿Cuán grande es la galaxia de la Vía Láctea?

Demasiado grande para que se pueda medir en millas (kilómetros). En lugar de ello, los astrónomos miden la distancia en años luz. Un año luz es la distancia que la luz recorre en un año a una velocidad de 186.000 millas (297.600 km) por segundo. Un año luz es un poco menos de 6 billones de millas (9.6 billones de km). El diámetro de la galaxia de la Vía Láctea es de unos 100.000 años luz, o sea, ¡6.000 billones de millas (9.600 billones de km)!

¿Está el Sol cerca del centro de nuestra galaxia?

No. El Sol está a un costado.

Nuestra galaxia tiene la forma de un molinillo gigante con una protuberancia en el centro. Las aspas del molinillo salen de la protuberancia. El Sol está en una de las aspas. Está a unos 33.000 años luz del centro.

El Sol y todas las estrellas se mueven alrededor del centro de la galaxia. El Sol se desplaza a una velocidad de 156 millas (250 km) por segundo. A esa velocidad, el Sol tarda 250 millones de años en completar una vuelta gigante alrededor de la Vía Láctea.

Galaxia Andrómeda

¿Podemos ver otras galaxias además de la Vía Láctea?

Podemos ver otras tres galaxias sin telescopio. Cada galaxia parece una mancha brumosa de luz en el cielo nocturno.

Desde el hemisferio norte, podemos ver la galaxia de Andrómeda, que está a 2.200.000 años luz de distancia. Andrómeda es aún más grande que la galaxia de la Vía Láctea.

Desde el hemisferio sur, podemos ver dos galaxias llamadas Gran Nube de Magallanes y Pequeña Nube de Magallanes. Están a 160.000 y 180.000 años luz de la Tierra, respectivamente.

Pequeña Nube de Magallanes

Gran Nube de Magallanes

¿A qué distancia está la galaxia más lejana?

Los científicos piensan que está a 13.000 millones de años luz, una distancia de
¡80.000.000.000.000.000.000.000 millas (128.000.000.000.000.000.000.000 km)!
Algunos dicen que podría ser el extremo del universo. Otros piensan que el universo
quizás no tenga límites.

Hoy en día, los astrónomos saben que todas las galaxias del universo se alejan rápidamente
unas de otras, pero nadie sabe si eso continuará así para siempre o si comenzarán a acercarse
en algún momento.

¿Es lo mismo una constelación que una galaxia?

No. Una constelación es un grupo de doce estrellas brillantes y de muchas otras no tan brillantes que están en la misma región en el firmamento. En cambio, ya sabes que una galaxia tiene miles de millones de estrellas esparcidas a través de una gran distancia.

Hace mucho tiempo, la gente observaba maravillada los grupos de estrellas que formaban las constelaciones. Trazaban líneas mentalmente, tal como se unen los puntos de un rompecabezas, para unir las estrellas y formar figuras en el cielo. Algunas de ellas eran figuras legendarias, como las de Hércules y Pegaso. Otras representaban animales, como Tauro, el toro.

Los astrónomos dividen la esfera celeste en 88 constelaciones. Las usan para localizar objetos en el cielo nocturno, del mismo modo que tú usas una dirección para localizar una casa. Las constelaciones también permiten orientarse en la noche.

¿Están todas las estrellas de una constelación a la misma distancia de la Tierra?

Cada estrella de una constelación está a una distancia diferente de la Tierra. Unas están más cerca, otras más lejos, pero cuando observamos el cielo, los puntos de luz engañan la vista, haciéndonos creer que todas las estrellas están a la misma distancia de la Tierra.

Además, las constelaciones están formadas por estrellas de diferente brillo. En la constelación del Cisne, por ejemplo, la estrella Deneb es una estrella muy brillante, mientras que las otras estrellas que componen el Cisne son mucho más opacas.

¿Ve todo el mundo las mismas constelaciones?

No. Depende de dónde vives. Algunas constelaciones sólo se pueden ver en el hemisferio norte; otras, sólo en el hemisferio sur.

Los más afortunados son los que viven en el ecuador, porque pueden ver todas las constelaciones, pero no al mismo tiempo. Para ver todas las constelaciones desde el ecuador, se necesita un año completo.

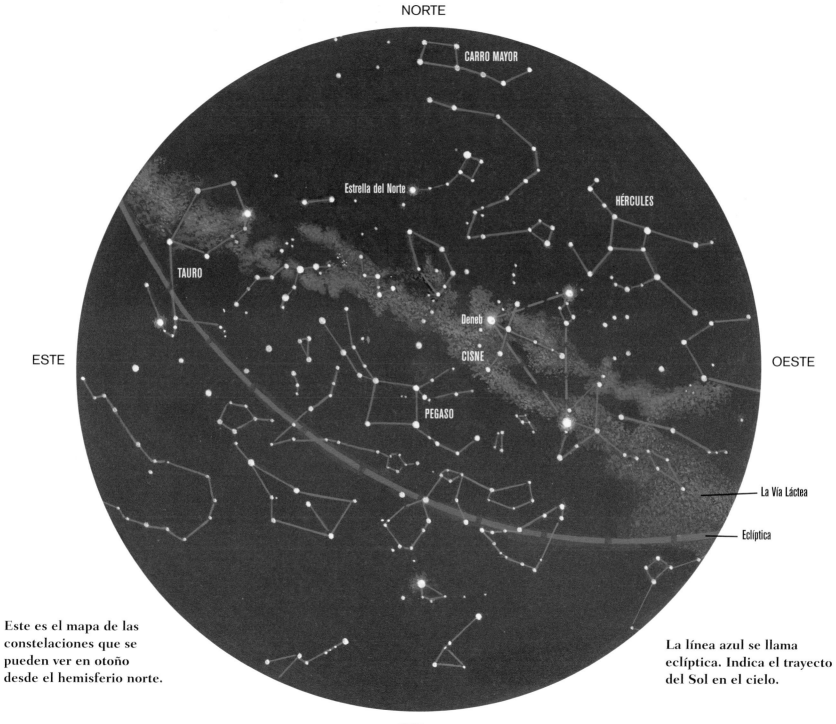

NORTE

CARRO MAYOR

Estrella del Norte

HÉRCULES

TAURO

Deneb

CISNE

PEGASO

ESTE

OESTE

La Vía Láctea

Eclíptica

Este es el mapa de las constelaciones que se pueden ver en otoño desde el hemisferio norte.

La línea azul se llama eclíptica. Indica el trayecto del Sol en el cielo.

SUR

¿Es el Carro Mayor una constelación?

Muchas personas creen que lo es, pero se equivocan.

El Carro Mayor es sólo parte de una constelación. Pertenece a la Osa Mayor. Un grupo de estrellas dentro de una constelación se llama asterismo.

El asterismo del Carro Mayor tiene siete estrellas. Entre ellas forman un carro con un asa. Las dos estrellas delanteras del carro apuntan hacia la Estrella Polar.

¿Por qué es tan importante la Estrella Polar?

La Estrella Polar no parece moverse tanto como las otras estrellas. Esto se debe a que está casi directamente encima del polo norte. Desde el hemisferio norte, la Estrella Polar parece estar siempre en el mismo lugar.

Como la Estrella Polar parece inmóvil en el cielo, los navegantes la han usado durante mucho tiempo para encontrar su camino. La Estrella Polar también se llama Polaris.

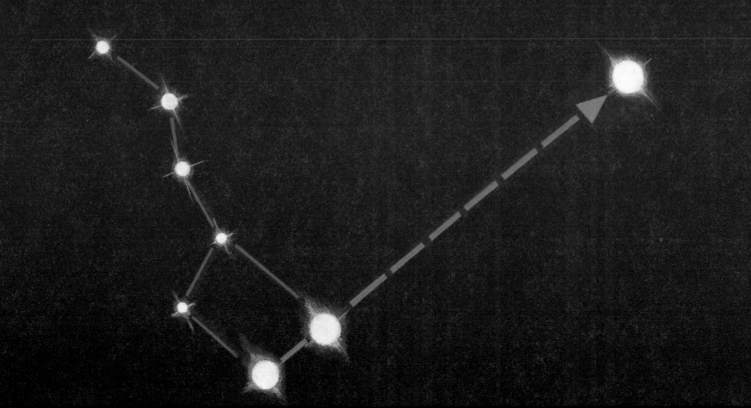

LOS PLANETAS

¿Qué son los planetas?

Los planetas son cuerpos oscuros que se mueven alrededor de las estrellas. Al igual que ellas, los planetas se componen de grandes nubes de polvo y gas.

Nueve planetas giran alrededor del Sol y forman el sistema solar cuyo centro es el Sol: Mercurio, Venus, Tierra, Marte, Júpiter, Saturno, Urano, Neptuno y Plutón. Los nueve planetas y otros cuerpos se mueven en órbitas alrededor del Sol.

¿En qué se diferencian los planetas de las estrellas?

Los planetas son mucho más pequeños que las estrellas. El más grande de los planetas es una décima parte del tamaño del Sol.

Los planetas pesan mucho menos que las estrellas. Todos los planetas juntos pesan menos que la centésima parte del Sol. Algunos planetas están compuestos de roca sólida; otros tienen centros sólidos cubiertos de gas y líquido. Las estrellas son bolas de gas. Los planetas son oscuros y fríos. Los vemos sólo porque reflejan la luz del Sol, y de él reciben casi toda su energía calorífica.

¿Se parecen las estrellas a los planetas?

Sí, pero hay diferencias. Los planetas parecen pequeños discos redondos y brillan con una luz constante. Su luz pasa por una espesa capa de aire en movimiento, por eso sus bordes parecen borrosos. En cambio, las estrellas brillan como pequeños puntos de luz titilantes. Como están muy lejos, su luz resplandece y centellea.

Las estrellas parecen inmóviles, mientras que los planetas cambian de posición de un día para otro. Por eso, los antiguos griegos los llamaron planetas, que quiere decir "vagabundos". Hoy sabemos que las estrellas también se mueven, pero vistas desde la Tierra, parece que están

Mercurio

Venus

Tierra

Marte

Júpiter

¿Se mueven los planetas?

Por supuesto que sí. Los planetas se mueven de maneras diversas. Dan una gran vuelta alrededor del Sol. El trayecto que siguen se llama órbita. Cuanto más lejos está un planeta del Sol, más tiempo tarda en completar una órbita a su alrededor. Mercurio, el planeta más cercano al Sol, realiza el viaje en 88 días. Plutón, el más lejano, necesita ¡91.000 días!

Al mismo tiempo, cada planeta rota sobre su eje. El eje es una línea imaginaria que va desde el polo norte hasta el polo sur. El tiempo que cada planeta tarda en rotar sobre su eje varía mucho. Júpiter tarda menos de 10 horas; Venus, 243 días.

Además, los planetas se mueven dentro de la galaxia de la Vía Láctea. Se desplazan con el Sol alrededor del centro de la galaxia y tardan unos 250 millones de años en completar una vuelta.

Saturno

Urano

Neptuno

Plutón

¿Se alejan y se acercan las órbitas de los planetas al Sol?

Sí. Todos los planetas están unas veces un poco más cerca del Sol que otras. Eso se debe a que los planetas no giran en círculo, sino que se desplazan en órbitas ovaladas o elípticas.

La Tierra, por ejemplo, está a 91.400.000 millas (146.200.000 km) del Sol en el punto más cercano de su órbita, llamado perihelio. En su punto más alejado, llamado afelio, la Tierra está a 94.500.000 millas (151.200.000 km) del Sol.

¿Varía a veces la velocidad de los planetas?

Cuanto más cerca del Sol están los planetas, más rápidamente se mueven. Cuanto más lejos están, más lentamente se mueven.

Cuando la Tierra se acerca al Sol, es invierno en el hemisferio norte. El planeta se mueve más rápidamente. Por esa razón, el invierno y el otoño sólo duran 179 días.

Cuando la Tierra se aleja del Sol, es verano en el hemisferio norte. El planeta se mueve más lentamente. La primavera y el verano duran 7 días más, es decir, 186 días.

¿Qué determina las estaciones en la Tierra?

La inclinación de la Tierra. La mitad del año, el hemisferio norte se inclina hacia el Sol. Los rayos solares calientan esa parte del globo. Es primavera y verano.

El resto del año, la inclinación del hemisferio norte se aleja del Sol. Los rayos solares calientan menos y es otoño e invierno.

El hemisferio sur se inclina en dirección opuesta. Cuando es verano en el hemisferio norte, es invierno en el hemisferio sur. Y cuando es invierno en el hemisferio norte, es verano en el hemisferio sur.

¿Hay cuatro estaciones en todos los lugares del mundo?

No. Alrededor del ecuador, el clima siempre es caluroso. Esta parte del globo sólo tiene dos estaciones, la estación seca y la lluviosa.

Las regiones polares son siempre frías y tienen dos estaciones, una soleada y otra oscura.

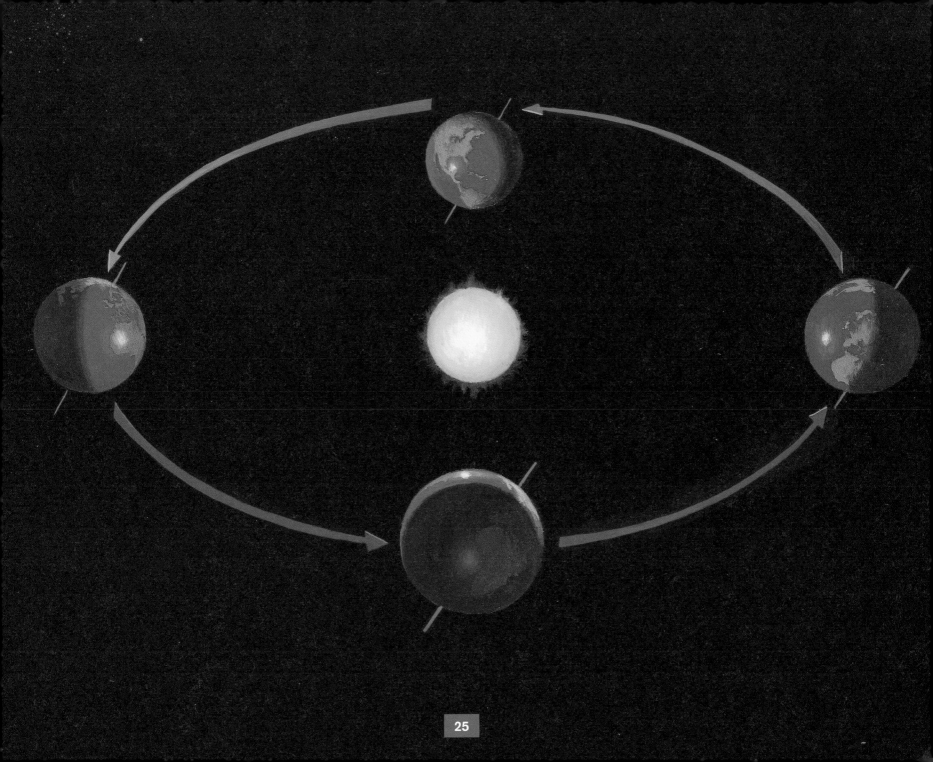

¿A qué velocidad se mueve la Tierra?

¡A mayor velocidad de la que te imaginas! La Tierra gira alrededor del Sol a una velocidad media de 66.600 millas (106.560 km) por hora.

Además, la Tierra rota sobre su eje y tarda 24 horas en dar una vuelta completa. Por supuesto, no todos los puntos de la Tierra giran a la misma velocidad. Un punto en el polo norte gira lentamente sobre sí mismo. Un punto en el ecuador —que tiene 24.900 millas (40.000 km) de largo— gira a 1.038 millas (1.661 km) por hora.

Al mismo tiempo, la Tierra, el Sol y todo el sistema solar giran alrededor del centro de la galaxia a una velocidad de 560.000 millas (896.000 km) por hora.

¿Por qué no sentimos el movimiento de la Tierra?

Porque todo lo que está dentro o cerca de la Tierra se mueve con nosotros al mismo tiempo. Nosotros y el aire que nos rodea estamos anclados en la Tierra por la fuerza de gravedad. Por eso, todo lo que nos rodea gira con nuestro planeta.

¿De qué tamaño es la Tierra?

Si tuvieras que cavar un agujero en línea recta desde el polo norte hasta el polo sur, cavarías unas 7.900 millas (12.640 km) para llegar a tu meta.

Pero si comenzaras a cavar en el ecuador, tendrías que cavar más. La Tierra tiene 7.927 millas (12.683 km) de extensión a través del ecuador.

Hay una razón para esto: La Tierra no es perfectamente redonda. Ya sabes que la Tierra gira velozmente. Eso crea una pequeña protuberancia justo debajo del ecuador. Desde el espacio, la Tierra parece una pelota de playa que no está totalmente inflada. Sobresale en el centro y es un poco aplastada en los extremos.

¿De qué está hecha la Tierra?

La capa superior de la Tierra es la corteza. Está debajo de las ciudades, granjas, lagos y océanos del mundo. La corteza está formada por 30 enormes placas de rocas separadas que se desplazan lentamente. Estas placas tienen de 5 a 25 millas (8 a 40 km) de espesor y sobre ellas descansan la tierra y los océanos. Debajo de la corteza de la Tierra, a 1.800 millas (2.880 km) de profundidad, está el manto. Está formado de roca muy caliente que oscila entre 1.600 y 8.000 °F (871 a 4.426 °C).

Lo que sigue es el profundo núcleo externo de hierro y níquel fundido. Tiene 1.400 millas (2.240 km) de espesor. Por último, el núcleo interno formado de hierro y níquel sólido que tiene 800 millas (1.280 km) de diámetro. Su temperatura, que es superior a la de la superficie del Sol, llega a 13.000 °F (7.200 °C).

¿Permanece la superficie de la Tierra siempre igual?

No, cambia continuamente. Algunos de los cambios ocurren muy rápidamente. Un volcán hace erupción y forma una montaña que parece un cucurucho de helado cabeza abajo. Un terremoto sacude la Tierra y deja una gran abertura en la superficie.

Otros cambios se producen lentamente y casi no los notamos. Las montañas se elevan lentamente empujadas por el movimiento de la corteza terrestre. Los ríos cavan enormes cañones en la tierra a lo largo de millones de años. El viento y la lluvia desgastan las montañas más altas.

29

¿Dónde comienza el espacio exterior?

A unas 60 millas (95 km) por encima de la superficie de la Tierra. Más allá, el aire que forma la mayor parte de nuestra atmósfera se enrarece mucho. La atmósfera termina a una altura de 1.000 millas (1.600 km), pero el espacio exterior continúa hasta el infinito.

¿Qué aspecto tiene la Tierra desde el espacio?

Los astronautas ven la Tierra como una esfera blanca y azul. El color azul no proviene del cielo, sino de los océanos de la Tierra. Casi un 70 por ciento de la superficie terrestre está cubierta de agua. También se ven pequeños pedazos de tierra que se asoman entre las nubes.

Lo blanco son las nubes que flotan en la atmósfera terrestre. Las nubes cubren todo el tiempo por lo menos una parte de la Tierra.

¿Quién fue el primer ser humano que llegó al espacio?

Yuri Gagarin (1934-1968), un cosmonauta ruso. El 12 de abril de 1961 alcanzó una altitud de 203 millas (325 km). Por espacio de dos horas, su nave espacial completó una órbita alrededor de la Tierra a una velocidad de más de 17.000 millas (27.200 km) por hora.

Alan Shepard (1923-1998) fue el primer astronauta estadounidense que viajó al espacio. El 5 de mayo de 1961, su nave, Freedom 7, llegó a una altitud de 117 millas (187 km).

En Mercurio. Cuando el sol brilla, la temperatura es de 800 °F (426 °C) en Mercurio, pero de noche la temperatura baja bruscamente a cerca de −300 °F (−184 °C), una diferencia de más de 1.100 °F (600 °C).

Mercurio no está rodeado de aire. Eso quiere decir que el viento no sopla. Durante miles de millones de años, muchas rocas del espacio se han estrellado contra Mercurio. Cada una ha dejado un agujero o cráter que sigue siendo exactamente igual que cuando se formó.

¿Qué planeta está escondido detrás de nubes espesas?

Venus, pero las nubes no son como las que rodean la Tierra. Las nubes de Venus tienen un color amarillo brillante y son venenosas. Es también el planeta más caliente de todos. Los 900 °F (482 °C) de temperatura de su superficie ¡son suficientes para fundir metales!

La luz del sol hace que Venus nos parezca muy resplandeciente. Como aparece justo antes de la salida o de la puesta del Sol, la gente lo llama "lucero del alba" o "lucero de la tarde". Recibió esos nombres antes de que se supiera la diferencia que hay entre las estrellas y los planetas.

¿Por qué es rojo Marte?

Porque su superficie está cubierta de rocas que contienen mucho hierro. El hierro se ha herrumbrado y, como sabes, cuando se herrumbra, adquiere un color rojo.

La superficie de Marte es como la de un desierto rocoso y seco. En 1997, la nave espacial Pathfinder descubrió que parte de Marte estuvo alguna vez cubierta de agua. Los únicos restos de agua que ahora hay en ese planeta están congelados en los cascos de hielo alrededor de sus polos norte y sur.

¿Cuál es el planeta más grande?

Júpiter. El diámetro de este planeta es diez veces más grande que el de la Tierra. Más de 1.000 planetas del tamaño del nuestro podrían caber en Júpiter. Un viaje en avión alrededor del ecuador de la Tierra lleva unas 40 horas. El mismo viaje alrededor del ecuador de Júpiter llevaría unas 200 horas.

Mientras que Mercurio, Venus, Marte y la Tierra están formados principalmente de rocas, Júpiter, Saturno, Urano y Neptuno están formados principalmente de gas con un poco de líquido. Sólo el núcleo central es sólido. Y mientras que la Tierra tiene 1 luna, Júpiter tiene 16.

¿Qué planeta es conocido por sus hermosos anillos?

Saturno. Siete anillos formados de pedazos de hielo y roca giran alrededor del planeta. Los anillos son muy anchos, pero muy planos. Son tan delgados que los astrónomos pueden ver estrellas distantes a través de ellos, pero son suficientemente pesados como para ensombrecer Saturno.

Saturno tiene 18 lunas, más que cualquier otro planeta de nuestro sistema solar. Titán, la más grande de las lunas, es la única luna de nuestro sistema solar que tiene atmósfera.

¿Qué planeta gira sobre un costado?

Urano. Este planeta gira como los demás, pero está completamente ladeado. Parece un trompo que gira sobre su costado.

Con un telescopio se puede ver el profundo color verde azulado de Urano. Ese color proviene de los gases de su atmósfera.

También se pueden ver 11 anillos que los astrónomos descubrieron alrededor de Urano en 1977. Son como los anillos de Saturno, pero son menos visibles porque están formados de oscuros pedazos de materia.

¿Qué planeta ocupa generalmente el octavo y a veces el noveno lugar en el sistema solar?

Neptuno. Por regla general, es el octavo planeta del sistema solar, pero cada 248 años, Neptuno pasa al lugar de Plutón. Recientemente, entre 1979 y 1999, Neptuno ocupó el noveno lugar en el sistema solar durante unos 20 años. El resto del tiempo vuelve a su octavo lugar.

Los astrónomos supieron que Neptuno existía mucho antes de descubrirlo. Había indicios de que otro planeta interfería en la órbita de Urano. Los científicos buscaron alrededor de Urano y descubrieron Neptuno.

¿Es Plutón verdaderamente un planeta?

Sí y no. Algunos astrónomos lo consideran un cometa, es decir, un cuerpo espacial pequeño y frío. Más allá de Plutón hay gran cantidad de cometas, y esos científicos piensan que Plutón es uno de ellos. La temperatura de la superficie de Plutón es de aproximadamente –400 °F (–240° C), y es más pequeño que la luna de la Tierra.

Sobre Plutón se sabe mucho menos que sobre otros planetas porque está muy lejos de la Tierra. Plutón nunca está a menos de 3.000 millones de millas (4.800 millones de km).

¿Cuánto dura el día en cada planeta? ¿Cuánto dura el año?

Un día es el tiempo que un planeta tarda en dar una vuelta sobre sí mismo. La Tierra tarda 24 horas. Puesto que cada planeta rota a una velocidad diferente, la longitud del día varía en cada uno de ellos.

Un año es el tiempo que un planeta tarda en dar una vuelta alrededor del Sol. La Tierra tarda 365 días, o un año Tierra. Como cada planeta está a una distancia diferente del Sol y cada uno se desplaza a velocidades diferentes, la duración de un año varía de planeta a planeta.

He aquí una comparación entre la Tierra y los otros planetas:

	Rotación (En días/horas)*	Revolución alrededor del Sol (En días/años)*
Mercurio	59 días	88 días
Venus	243 días	225 días
Tierra	24 horas	365 días
Marte	26 horas	687 días
Júpiter	10 horas	12 años
Saturno	10 horas	30 años
Urano	17 horas	84 años
Neptuno	18 horas	165 años
Plutón	6 días	248 años

*(El tiempo está calculado en horas, en días Tierra o en años Tierra).

¿Pesan las cosas lo mismo en todos los planetas?

Aunque parezca extraño, el peso varía de planeta a planeta. El peso depende de la fuerza de gravedad. Y cuánto más grande el planeta, mayor es la fuerza de gravedad.

Supongamos que tú pesas 80 libras (36 kg) en la Tierra. En Júpiter, el más grande de todos los planetas, pesarías más de 200 libras (90 kg). En Plutón, el más pequeño de los planetas, pesarías sólo ½ libra (224 g).

¿Hay otros planetas en el universo?

Es muy posible. Después de todo, el universo contiene miles de millones de estrellas. Hay muchas posibilidades de que en algunas de ellas haya planetas, como en nuestro sistema solar.

En 1994, dos astrónomos descubrieron una estrella con tres planetas a su alrededor. Esa estrella se conoce con el nombre de Pulsar 1257+12. Está a más de 600 años luz de la Tierra. Los tres planetas están a 19, 33 y 43 millones de millas (30, 53 y 69 millones de km) de la estrella, respectivamente.

Hoy los astrónomos poseen telescopios muy avanzados que se usan para descubrir cuerpos que están más allá de Plutón. Algunos de esos cuerpos podrían ser planetas.

¿Cuál es nuestro vecino más cercano?

La Luna. Está más cerca de la Tierra que cualquier otro cuerpo espacial. La distancia es de menos de 240.000 millas (384.000 km). Compara esa distancia con la del Sol, que está a ¡93 millones de millas (149 millones de km)!

La Luna gira alrededor de la Tierra. Un cuerpo que gira alrededor de un planeta se llama luna o satélite natural.

¿Por qué brilla la Luna?

Porque refleja la luz del Sol. Incluso cuando tu lado de la Tierra está oscuro, el Sol ilumina un costado de la Luna. La cara que no da hacia el Sol está siempre oscura.

¿Por qué cambia de forma la Luna todas las noches?

La Luna sólo parece cambiar. Siempre es redonda, pero nuestra visión cambia a medida que la Luna gira alrededor de la Tierra.

En algunas noches, cuando la cara de la Luna que está frente a la Tierra no está iluminada por el Sol, no la podemos ver. Entonces la llamamos luna nueva.

Las noches pasan y sólo vemos una parte de la Luna como una rebanada delgada y curva. Entonces la llamamos luna creciente.

Noche tras noche, la cara iluminada de la Luna se va volviendo más redonda. Estas fases se llaman cuarto creciente y quinto octante. Finalmente, cuando la totalidad de la cara que está frente a la Tierra queda iluminada, la llamamos luna llena.

Durante las noches siguientes la Luna se vuelve más pequeña hasta que vuelve a ser luna nueva. Para entonces habrá pasado casi un mes.

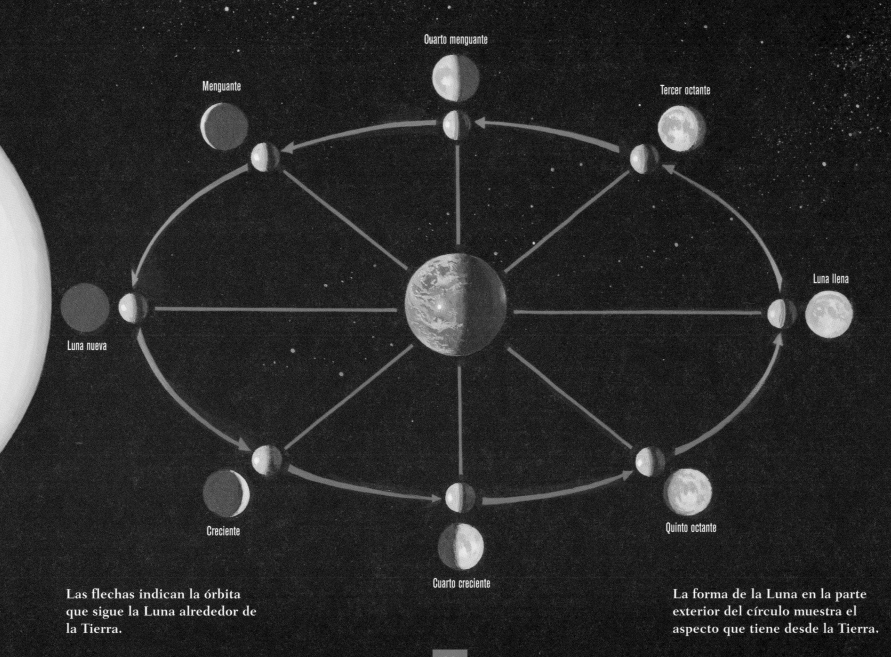

Cuarto menguante

Menguante

Tercer octante

Luna llena

Luna nueva

Creciente

Quinto octante

Cuarto creciente

Las flechas indican la órbita que sigue la Luna alrededor de la Tierra.

La forma de la Luna en la parte exterior del círculo muestra el aspecto que tiene desde la Tierra.

¿Qué es "el hombre de la luna"?

Son unas rocas oscuras de la Luna que parecen un rostro. Esas rocas son formaciones de lava volcánica. Parte de la lava forma también llanuras enormes que reciben el nombre de maria.

Dentro y alrededor de los maria hay miles de millones de agujeros grandes y pequeños, llamados cráteres. Los cráteres se formaron cuando objetos sólidos del espacio chocaron con la Luna. Esos cráteres han permanecido tal cual están durante millones de años.

Las zonas iluminadas que se ven en la Luna son capas de suelo marrón gris, formado mayormente por pedazos de roca.

¿Hay vida en la Luna?

No, en la Luna no hay vida.

El 20 de julio de 1969, el astronauta Neil Armstrong fue el primer ser humano en poner un pie en la Luna después de tres días de viaje en cohete. Después de él, otros once astronautas estadounidenses alunizaron en la Luna.

Exploraron la superficie y no encontraron señales de vida animal ni vegetal, pasada ni presente. Las rocas que trajeron no contenían substancias químicas producidas por seres vivientes. Las fotos que tomaron no mostraban ningún rastro de vida. Los instrumentos que dejaron allí han confirmado lo dicho: la Luna es un objeto espacial sin vida.

¿Tienen lunas los planetas?

Muchos sí. Plutón, al igual que la Tierra, tiene 1 luna. Marte tiene 2. Mucho más numerosas son las de Neptuno, que tiene 8; Júpiter tiene 16; y Urano, 17. Saturno se lleva el récord con 18 lunas.

¿Qué es un cometa?

Un cometa es un cuerpo brillante que gira alrededor del Sol siguiendo una órbita ovalada. Algunos los llaman "bolas de nieve sucias" porque tienen núcleos congelados llenos de pedazos de roca y metal congelado.

Alrededor de un millón de millas (1.6 millones de km) de gases y polvo rodea el centro de un cometa. El núcleo, los gases y el polvo forman la cabeza del cometa.

Un cometa produce una cola luminosa de gases y polvo cuando se acerca al Sol. La cola puede tener 100 millones de millas (160 millones de km) de largo. A veces un cometa es visible durante semanas antes de alejarse de la Tierra.

Algunos cometas vuelven después de unos años. Otros suelen pasar cerca del Sol una vez en miles o millones de años. Y hay otros que nunca vemos porque están muy lejos en el sistema solar.

¿Por qué es famoso el cometa Halley?

El cometa Halley es un cometa muy brillante que aparece aproximadamente cada 76 años. Fue visto por primera vez en el año 240 a de C. La próxima vez se lo podrá ver alrededor de 2062.

Se llama así en honor a Edmond Halley (1652-1742), quien lo observó en 1682 y estableció comparaciones entre muchas de las apariciones históricas del cometa. Basándose en esas comparaciones, dedujo que este cometa volvía regularmente y que debía pasar en el año 1758. Halley murió antes de esa fecha y no tuvo oportunidad de verlo nuevamente.

¿Qué es un asteroide?

Algunos astrónomos llaman a los asteroides "chatarra del cielo", pero un nombre más adecuado sería "planetas menores", puesto que los asteroides son en realidad planetas rocosos muy pequeños. Los científicos conocen unos 30.000 asteroides y seguramente hay muchos más.

Los asteroides giran alrededor del Sol, como los planetas, pero la mayoría se encuentra en una banda o cinturón entre Marte y Júpiter. Esta banda se llama cinturón de asteroides.

¿Cuál es el asteroide más grande?

Ceres. Tiene alrededor de 600 millas (960 km) de diámetro. Los astrónomos conocen su órbita tan bien que pueden predecir su ubicación con bastante anticipación.

Probablemente Ceres y los otros asteroides se formaron de la misma manera que los planetas más importantes y datan de la época en que se formó el sistema solar.

¿Pueden los asteroides chocar con la Tierra?

A veces, el paso de un planeta hace que su fuerza de gravedad saque a un asteroide del cinturón de asteroides y lo envíe volando hacia la Tierra, generalmente sin mayores consecuencias. La mayoría de los asteroides caen en el océano o en tierra sin causar daños.

No obstante, hace unos 65 millones de años, un asteroide de 9 millas de ancho (14.4 km) se estrelló contra la Tierra y cambió su historia. El asteroide explotó, enviando grandes cantidades de polvo y humo a la atmósfera. Algunos piensan que eso bloqueó la luz del sol durante muchos meses, destruyendo todas las plantas. Sin vegetación para alimentarse, los dinosaurios que comían plantas murieron de hambre. Posteriormente, murieron los dinosaurios que se alimentaban de dinosaurios que comían plantas.

No estamos seguros de que ese asteroide haya matado a todos los dinosaurios, pero no cabe duda de que un asteroide se estrelló contra la Tierra en la época de la desaparición de los dinosaurios.

¿Podrían otros asteroides chocar contra la Tierra?

Los astrónomos conocen la órbita de unos 4.000 asteroides y están siempre atentos en busca de alguno que pudiera estrellarse contra la Tierra. Los expertos sabrían que existe ese peligro mucho tiempo antes de que el asteroide se acercara. Si alguno les parece peligroso, los científicos tratarán de hacerlo explotar en el espacio.

¿Qué son los meteoroides, meteoros y meteoritos?

Los meteoroides son pequeños fragmentos de roca o metal que vuelan por el espacio. Son mucho más pequeños que los asteroides. Algunos no son más grandes que partículas de polvo.

Millones de meteoroides convergen hacia la Tierra cada día. Cuando pasan por la atmósfera terrestre, la fricción los calienta al rojo vivo y dejan una cola de gases calientes y fulgurantes. Esta cola forma en el cielo un rayo de luz que se llama meteoro.

Unos 500 llegan a la Tierra cada día. Muy pocos caen al suelo. Los que se han encontrado en la tierra se conocen con el nombre de meteoritos.

¿Es una "estrella fugaz" realmente una estrella?

No. Una estrella fugaz es un meteoro. Hace mucho tiempo, la gente no sabía qué eran esas colas de luz en el cielo. Se creía que eran estrellas que caían sobre la Tierra, pero ahora sabemos que sólo son meteoroides que atraviesan la atmósfera.

¿Hay vida en otros lugares del sistema solar?

Los científicos piensan que sí. En 1996, notaron unas partículas doradas en una roca de Marte que cayó sobre la Tierra. Las partículas son substancias químicas que podrían proceder de pequeñísimas formas vivientes de hace 3.000 millones de años en Marte. Luego, en 1997, la nave espacial Pathfinder descubrió rocas volcánicas en Marte, lo cual es otra posible señal de vida.

Recientemente, otros científicos descubrieron condiciones que podrían sugerir vida en las lunas que rodean a Júpiter. Las lunas Europa, Io y Ganímedes están rodeadas de campos magnéticos, que podrían indicar que tienen núcleos calientes. Las dos condiciones, agua y núcleos calientes, parecen ser necesarias para la vida.

¿Qué otras preguntas se siguen haciendo los astrónomos?

He aquí algunas de ellas:

- ¿Cuán grande es el universo?
- ¿Hay otros planetas orbitando alrededor de otras estrellas en el espacio?
- ¿Pueden los seres humanos vivir en Marte?
- ¿Hay vida inteligente en algún lugar del universo?

Y muchas más. Los astrónomos son curiosos, igual que tú. Siempre se están haciendo preguntas y buscando respuestas. Sus respuestas generalmente conducen a otras preguntas. ¡En eso consiste ser astrónomo!

Índice

Sobre los autores

Melvin y Gilda Berger viven en una calle donde no hay luz ni casas cercanas. En las noches despejadas pueden ver los cielos más brillantes. A lo largo del año, observan las estrellas y buscan meteoros. "Tenemos la suerte de contemplar el espectáculo más grande de la Tierra desde nuestro techo", dicen los Berger.

Sobre el ilustrador

Vincent Di Fate tuvo su primer contacto con las maravillas del espacio cuando tenía cuatro años y vio por primera vez una película de ciencia ficción. Las hermosas pinturas de Chesley Bonestell le inspiraron para ser un artista. Bonestell estudiaba las estrellas y los planetas con un telescopio antes de pintarlos. "Esas pinturas me llevaron a mundos lejanos y me hicieron comprender el poder del arte", dice Di Fate.